I am running

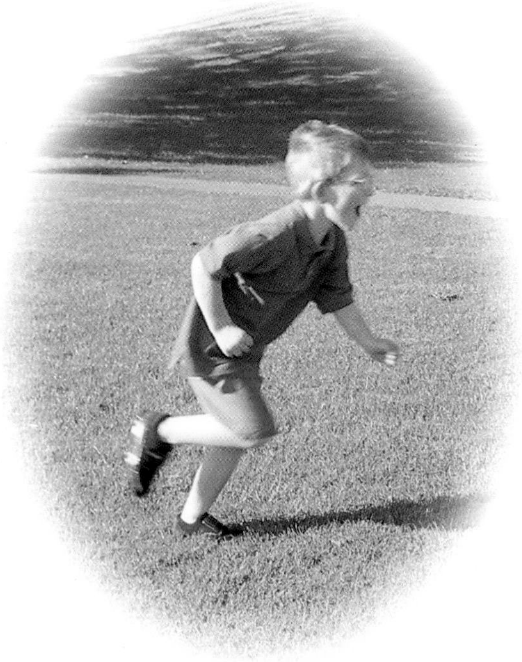

I am running.

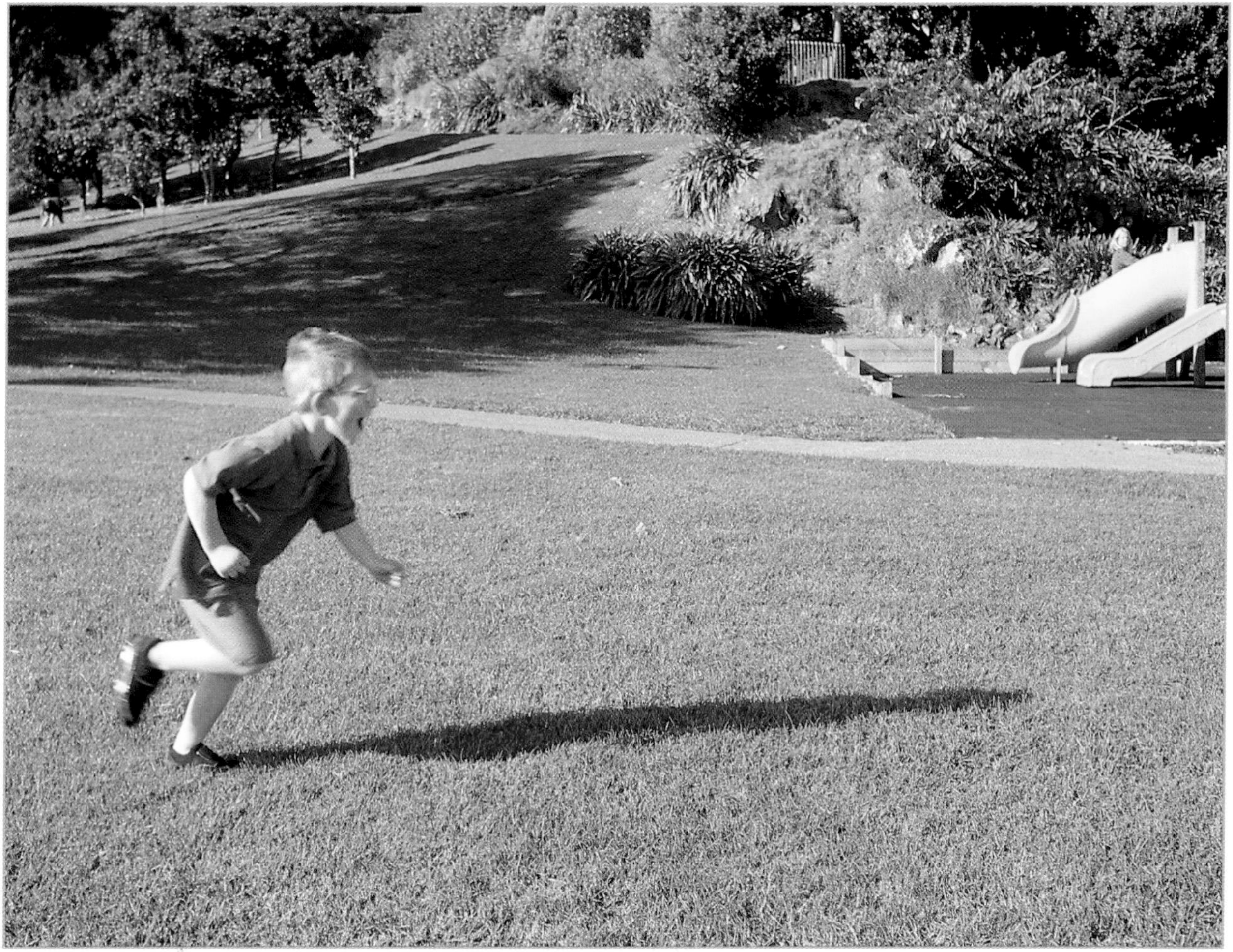

I am climbing.

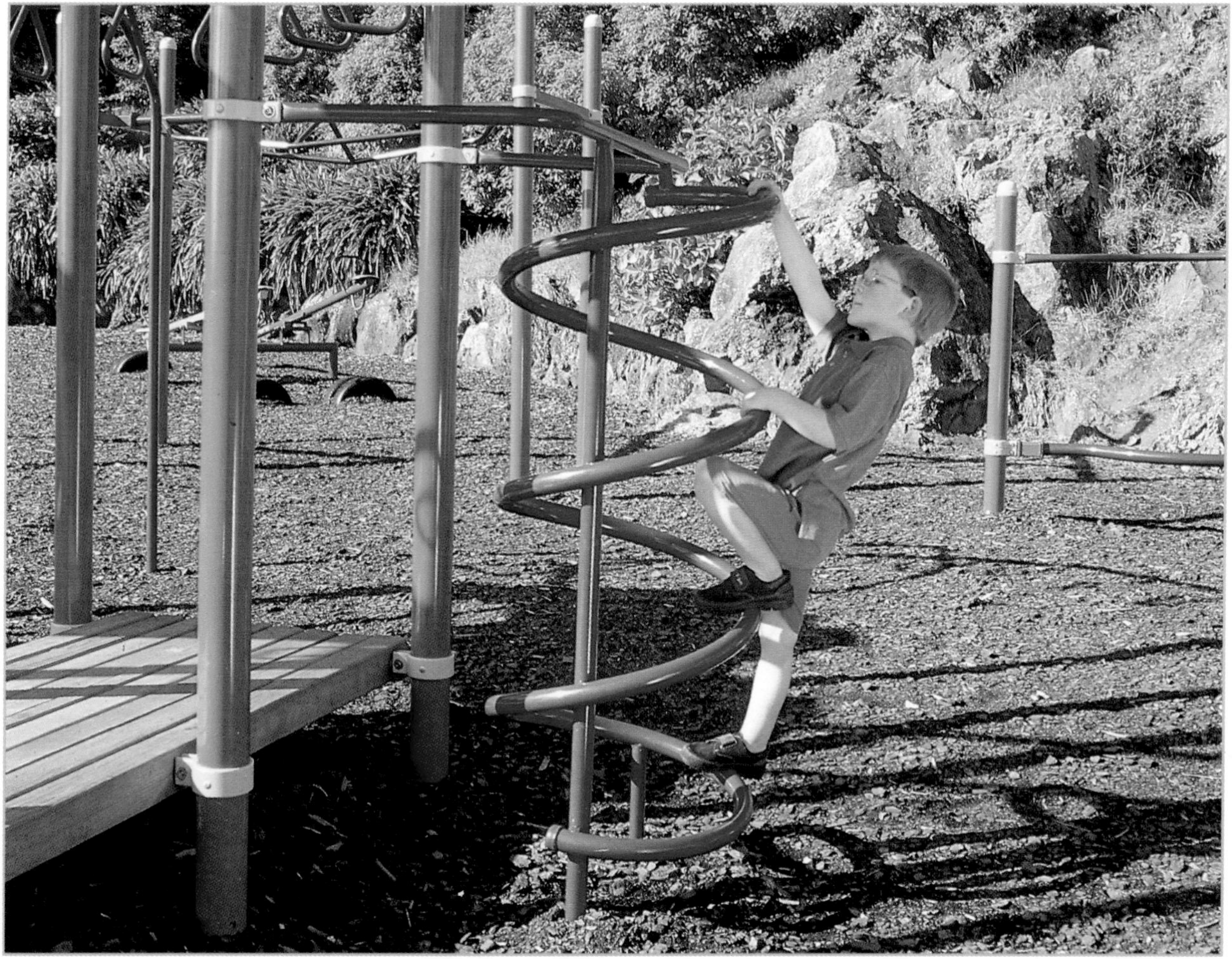

I am sliding.

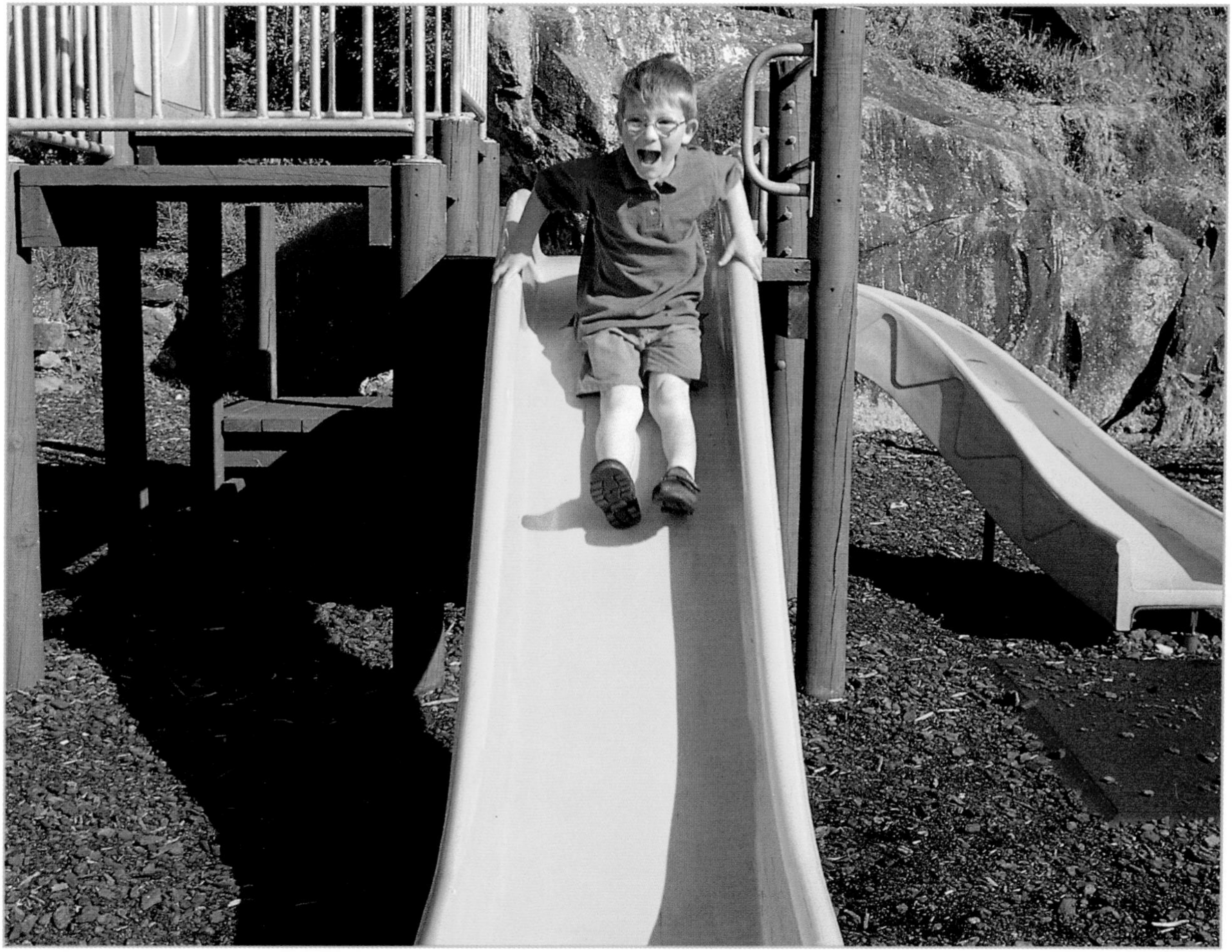

I am jumping.

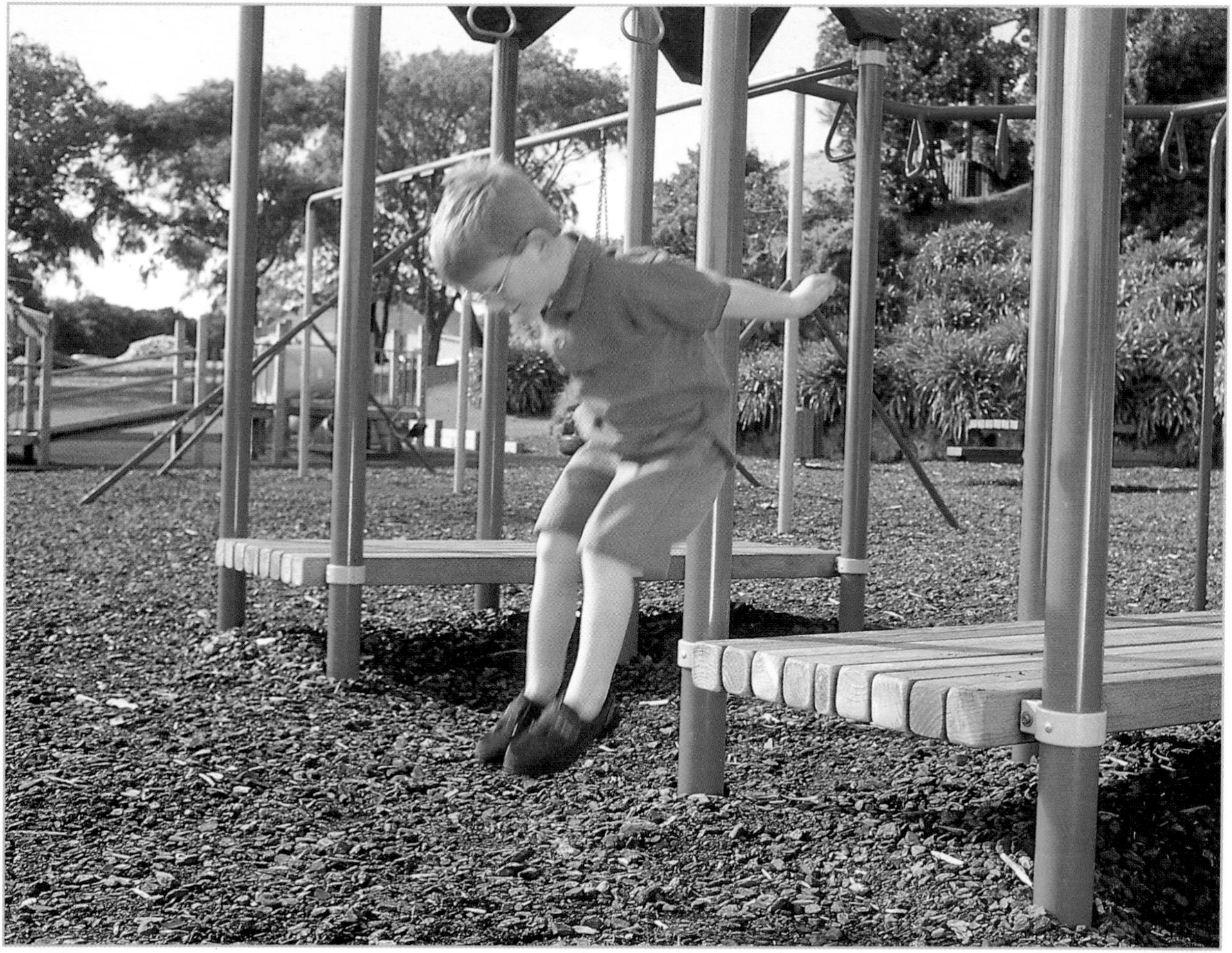

I am hopping.

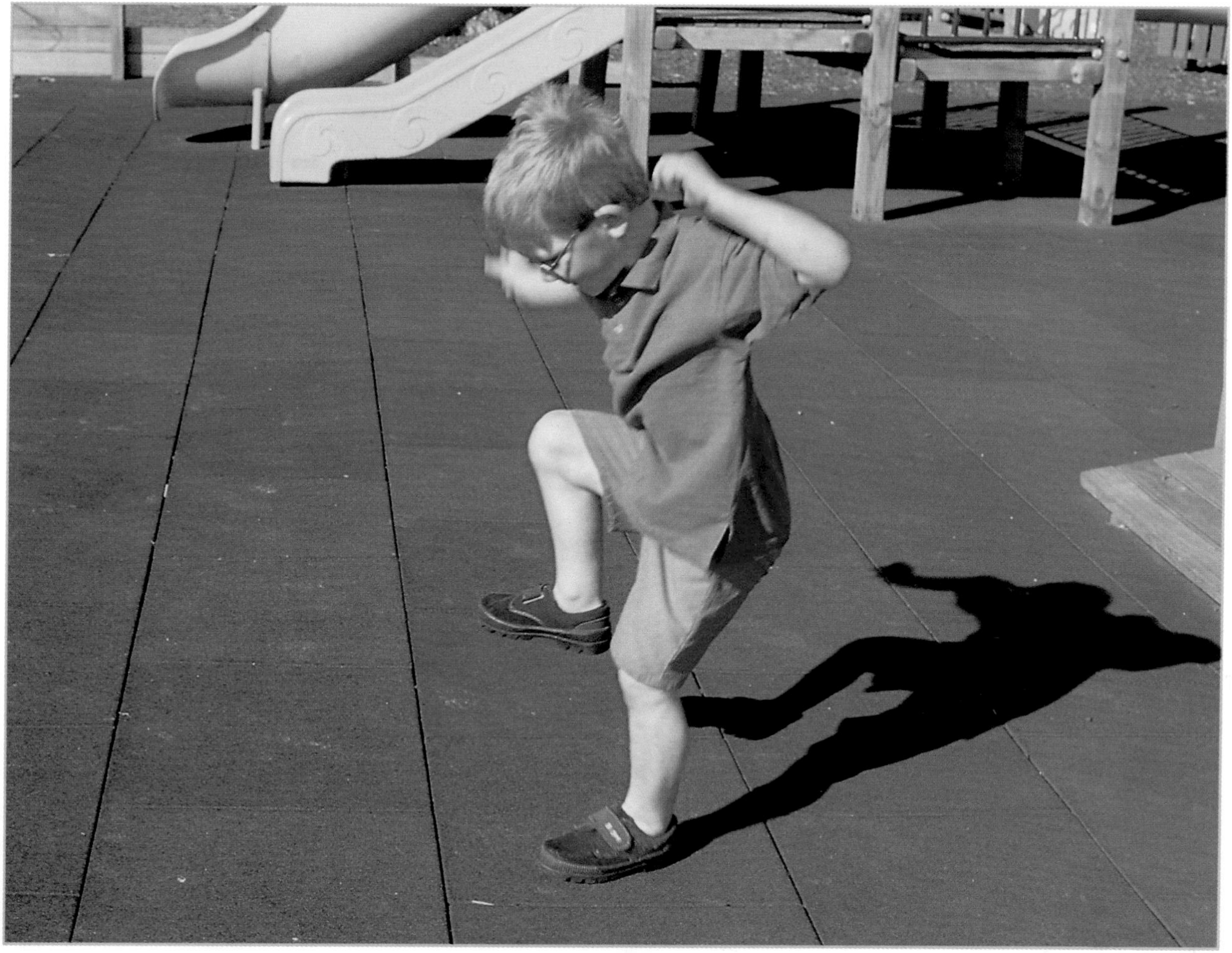

I am crawling.

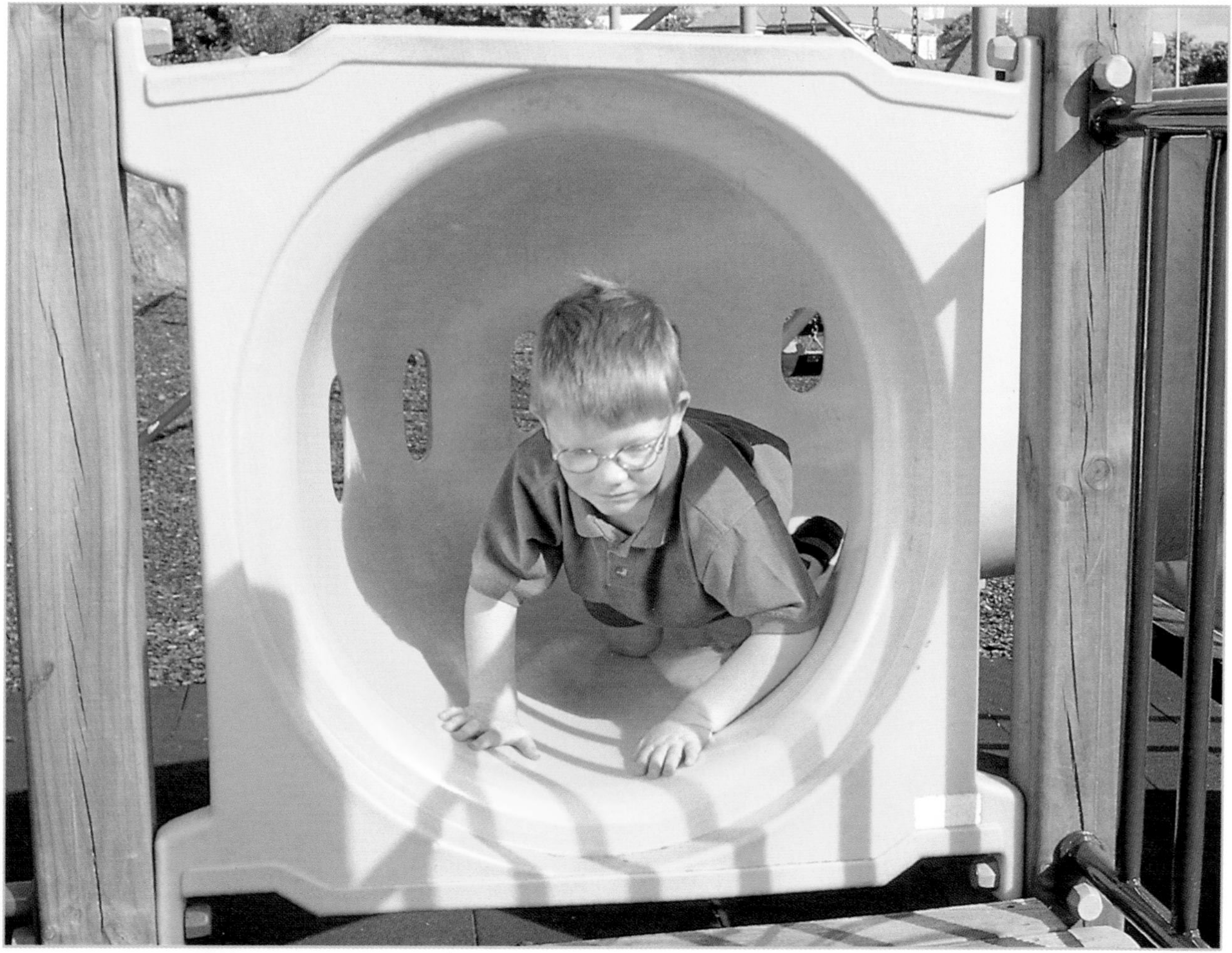

I am riding.

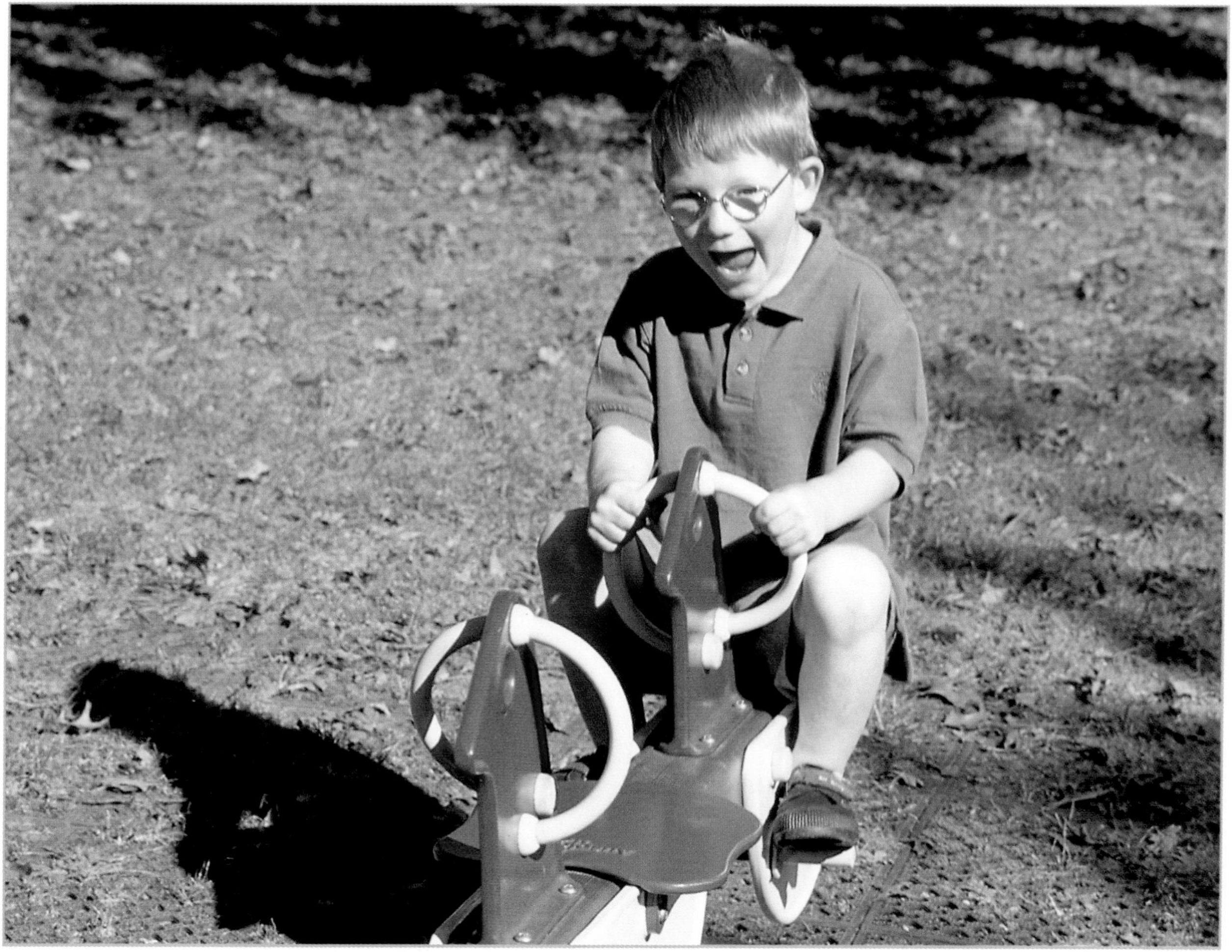

I am swinging.

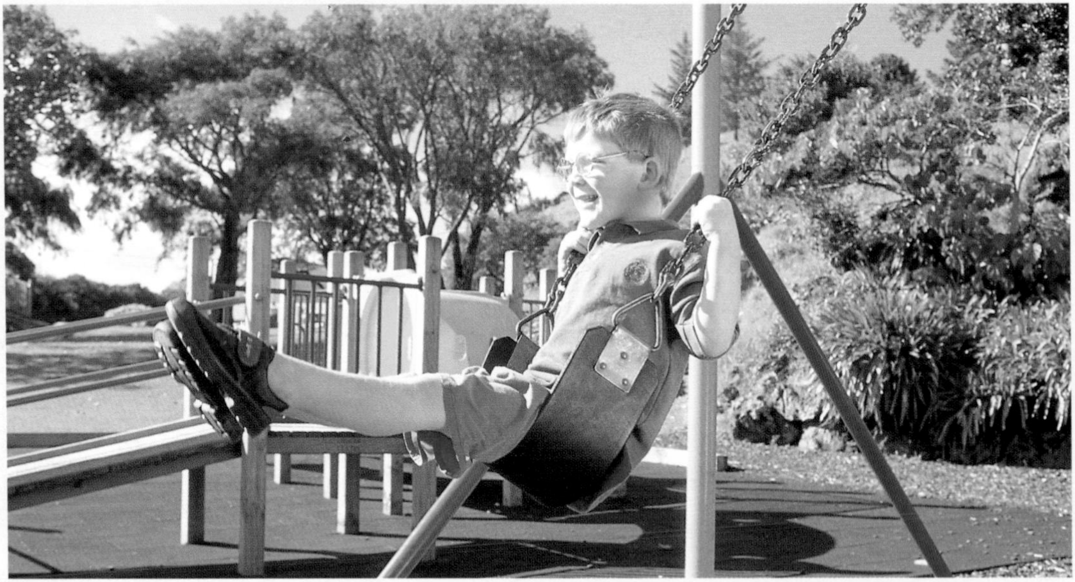